L'hydroponie pour les utilisateurs avancés :

Le guide ultime du jardinage hydroponique et aquaponique

Jean Martin

Copyright Tous droits réservés.

Ce livre électronique est fourni dans le seul but de fournir des informations pertinentes sur un sujet spécifique pour lequel tous les efforts raisonnables ont été faits pour s'assurer qu'il est à la fois précis et raisonnable. Néanmoins, en achetant ce livre électronique, vous acceptez le fait que l'auteur, ainsi que l'éditeur, ne sont en aucun cas des experts sur les sujets contenus dans ce livre, quelles que soient les affirmations qui peuvent y être faites. En tant que tel, toutes les suggestions ou recommandations qui sont faites dans ce livre sont faites purement pour le divertissement. Il est recommandé de toujours consulter un professionnel avant d'appliquer les conseils ou les techniques qui y sont présentés.

Il s'agit d'une déclaration juridiquement contraignante qui est considérée à la fois comme valide et équitable par le Comité de l'Association des éditeurs et l'American Bar Association et qui doit être considérée comme juridiquement contraignante aux États-Unis.

La reproduction, la transmission et la duplication de tout le contenu de ce site, y compris toute information spécifique ou étendue, seront considérées comme un acte illégal, quelle que soit la forme finale de l'information. Cela inclut les versions copiées de l'œuvre, qu'elles soient physiques, numériques ou audio, à moins que l'éditeur n'ait donné son consentement exprès au préalable. Tous droits supplémentaires réservés.

En outre, les informations qui se trouvent dans les pages décrites ci-après sont considérées comme exactes et véridiques lorsqu'il s'agit de relater des faits. À ce titre, toute utilisation, correcte ou incorrecte, des informations fournies dégagera l'éditeur de toute responsabilité quant aux actions entreprises en dehors de son champ d'action direct. Quoi qu'il en soit, il n'existe aucun scénario dans lequel l'auteur original ou l'éditeur peuvent être considérés comme responsables de quelque manière que ce soit des dommages ou des difficultés qui peuvent résulter de l'une des informations présentées ici.

En outre, les informations contenues dans les pages suivantes ne sont destinées qu'à des fins d'information et doivent donc être considérées comme universelles. Comme il sied à leur nature, elles sont présentées sans garantie quant à leur validité prolongée ou leur qualité provisoire. Les marques commerciales mentionnées le sont sans autorisation écrite et ne peuvent en aucun cas être considérées comme une approbation du détenteur de la marque.

CHAPITRE UN	6
Comment fonctionnent les plantes en hydroponie	6
Photosynthèse	7
La production de nourriture dans les feuilles d'une plante	8
Transpiration	10
Systèmes de transport dans une usine	10
Nutriments pour plantes	11
Osmose	12
Hormones de croissance	13
CHAPITRE DEUX	15
Les nutriments essentiels	15
Azote	15
Phosphore	16
Potassium	16
Calcium	17
Magnésium	17
Soufre	18
Fer	18
Manganèse	18
Zinc	19
Cuivre	19
Bore	19
Molybdène	20
CHAPITRE TROIS	23

La formule des nutriments	23
La formule numéro un pour les systèmes "To Waste	25
Grammes par 100 litres	25
Formule numéro deux	26
CHAPITRE QUATRE	**29**
Équipement	29
Réservoirs de stockage	30
Lignes de nutriments	30
Pompes	30
Soupapes	31
Conteneurs de culture	32
Équipement de test C F (conductivité)	34
Contrôleurs hydroponiques	36
PH Mètres	38
CHAPITRE CINQ	**42**
Mise en place d'un système	42
Première étape : vérifier l'alimentation en eau	42
Deuxième étape : Planification de l'aménagement de la zone de culture	44
Troisième étape : Le réservoir de stockage	48
Systèmes manuels	48
Systèmes automatiques	50
Étape quatre : Installation d'un contrôleur automatique	53

CHAPITRE UN
Comment fonctionnent les plantes en hydroponie

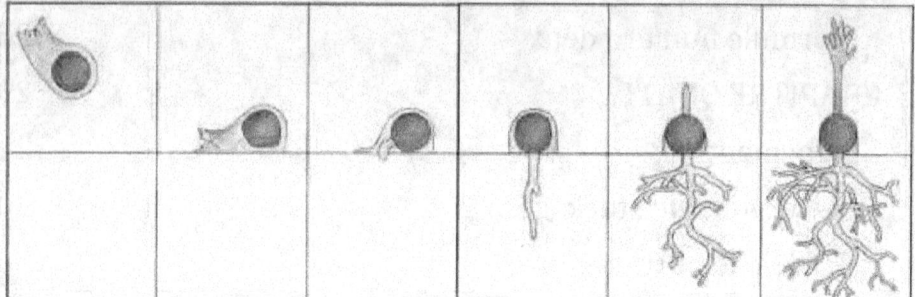

La condition préalable la plus importante pour faire fonctionner un système hydroponique avec succès est probablement une bonne compréhension du fonctionnement des plantes. Grâce à cette connaissance, vous serez en mesure de voir pourquoi les éléments constitutifs d'un système hydroponique sont inclus, et pourquoi certaines actions produiront une meilleure croissance des plantes, tandis que d'autres peuvent être préjudiciables à leur santé.

Comment les plantes poussent

Une jeune pointe de racine évolue à partir d'une graine qui pousse sa direction dans le sol.

Vous comprendrez rapidement le fonctionnement de la plupart des plantes en observant la croissance des arbres. L'histoire commence avec la graine qui est l'unité de dispersion dans le cycle de vie d'un arbre. Chaque automne, les arbres parents dispersent des milliers de graines sur le sol de la forêt, qui germeront plus tard au printemps.

La germination commence lorsque la graine sèche retire le sol de l'eau et que la graine se ramollit et gonfle. Quelques jours plus tard, par division cellulaire, une minuscule racine se développe pour devenir une racine visible qui émerge à travers l'enveloppe de la graine, se courbe vers le bas et pénètre dans le sol. Ensuite, la racine développe de minuscules poils racinaires, grâce auxquels le nouvel arbre absorbe l'eau dont il a besoin pour sa croissance. Les minéraux dont l'arbre en développement a besoin sont dissous dans l'eau. Au bout de quelques semaines, des racines ramifiées commencent à se développer, qui vont à leur tour produire d'autres racines ramifiées au fur et à mesure qu'elles deviennent plus robustes.

Étonnamment, le système racinaire reste peu profond. Les racines pivotantes profondes sont rares, car ce sont les racines situées dans les couches superficielles du sol qui remplissent le mieux leurs fonctions. La croissance de la taille et de la substance des racines d'un arbre est maintenue par la fonction saine des feuilles vertes de l'arbre.

Photosynthèse
Quelques jours après que la graine a émergé des premières racines et s'est frayé un chemin sous terre, la graine aurait également produit sa première petite pousse. Toutes les graines de l'arbre contiennent une ou plusieurs feuilles de la graine, appelées cotylédons. La croissance ascendante de la première petite pousse de l'arbre se poursuit tout au long de sa vie. Les pousses aériennes comme les racines de l'arbre sont nourries sur les pousses par les feuilles qui se développent. La photosynthèse est appelée le processus clé. Cela signifie littéralement "composer à l'aide de la lumière", traduit de sa langue grecque. La photosynthèse est

essentiellement le processus par lequel les plantes captent et utilisent l'énergie lumineuse.

Les plantes vertes apparaissent vertes, en réfléchissant la lumière verte et en absorbant les autres couleurs qui composent la lumière "blanche". La chlorophylle est le pigment qui donne aux plantes cette couleur verte, et cette substance sert principalement à piéger la lumière. La chlorophylle qui régule la réaction de photosynthèse se trouve dans différentes cellules des feuilles appelées chloroplastes. Les plantes ont besoin d'absorber la lumière du soleil, car elle leur donne l'énergie nécessaire pour produire la nourriture dont elles ont besoin pour leur croissance.

La production de nourriture dans les feuilles d'une plante

Les feuilles d'une plante filtrent en permanence un flux d'air à travers leurs tissus, qui ont une texture ouverte avec de nombreux passages d'air. L'air est composé d'environ quatre parties d'azote pour une partie d'oxygène, plus une quantité minuscule mais significative de dioxyde de carbone. La plante a besoin de carbone pour créer de nouveaux tissus et produire ce que nous appelons la croissance. La chlorophylle des feuilles, utilisant l'énergie de la lumière solaire, extrait le dioxyde de carbone de l'air et le combine avec de l'eau pour fabriquer des produits chimiques appelés hydrates de carbone.

Un type d'hydrate de carbone bien connu est le sucre. Le glucose est un type d'hydrate de carbone soluble produit par la photosynthèse, capable de circuler librement dans toute la plante, fournissant la nourriture nécessaire à chaque type de croissance et l'énergie pour chaque processus vital. Les feuilles, les pousses, les racines, la tige ligneuse, les fleurs et enfin les fruits et les graines en sont tous constitués. Les plantes utilisent l'énergie stockée dans les hydrates de carbone par un processus appelé respiration.

Vous pouvez constater que la photosynthèse est un processus important pour les plantes, car sans elle, les hydrates de carbone ou les sucres nécessaires à la croissance de la plante ne seraient pas produits. C'est également un processus important pour les humains, car au cours du processus de piégeage de l'énergie lumineuse, l'oxygène est séparé de l'eau et libéré dans l'atmosphère. Les plantes vertes éliminent donc le dioxyde de carbone que les humains et les autres animaux respirent dans l'air et libèrent l'oxygène dont nous dépendons pour survivre.

Transpiration

Entre 80 et 95 % du poids d'une plante est constitué d'eau. Les plantes s'approvisionnent en eau par leurs racines et perdent jusqu'à 98 % de leur apport en eau par un processus appelé transpiration. Ce processus se produit lorsque l'air passant par les passages des feuilles de la plante emporte de grandes quantités d'eau. Le flux d'air est nécessaire pour que la plante puisse obtenir le carbone nécessaire à la production de glucides. La plante a également besoin de maintenir son approvisionnement en eau. Il n'est donc pas surprenant que le système racinaire des plantes soit extrêmement efficace pour extraire l'eau du sol, tandis que d'autres structures à l'intérieur de la plante peuvent la transporter efficacement contre la force de gravité, jusqu'à 100 mètres de haut pour certains arbres.

Systèmes de transport dans une usine

Il existe deux principaux types de vaisseaux qui permettent à l'eau et aux nutriments de remonter des racines sous forme de sève, et à la solution d'hydrates de carbone de circuler dans toute la plante. Les vaisseaux du xylème contiennent la sève qui monte des racines vers les feuilles, tandis que les vaisseaux du phloème contiennent les hydrates de carbone produits dans les feuilles qui circulent autour de la plante et descendent vers les racines où ils peuvent être convertis en amidon et stockés. Dans la plupart des plantes, ces voies à double sens, le xylème et le phloème, sont organisées en faisceaux vasculaires qui remontent dans la tige de la plante. Lorsqu'ils atteignent les feuilles de la plante, ils prennent la forme de veines.

Le xylème et le phloème sont disposés dans les branches et les troncs d'arbres, selon un schéma différent. Ils sont regroupés sous l'écorce, de part et d'autre d'une couche de cellules, appelée le cambium. La sève racinaire monte à l'intérieur de la couche de cambium tandis que sur le côté extérieur de la couche de cambium, les hydrates de carbone ou la sève sucrée descendent à travers les tissus du phloème appelés Bast.

De ce côté de la couche de cambium, la solution d'hydrates de carbone produit une nouvelle croissance qui, associée à un rétrécissement de ces cellules en été, forme les anneaux de croissance visibles lorsque vous coupez un arbre. Les cellules s'ouvrent à nouveau chaque printemps, permettant à la sève de s'échapper et à un nouvel anneau de croissance de se former sous l'écorce.

Éléments nutritifs pour les plantes

Le xylème des plantes transporte non seulement l'eau mais aussi les minéraux dissous dans l'eau. Pour une croissance saine, les plantes ont besoin de la plupart, voire de la totalité, d'au moins dix-sept éléments différents. Neuf de ces éléments, appelés macro-nutriments, sont nécessaires : de grandes quantités de carbone, d'hydrogène, d'oxygène, d'azote, de phosphore, de potassium, de soufre, de calcium et de magnésium.

Les trois premiers : carbone, hydrogène et oxygène à partir du dioxyde de carbone et de l'eau, le reste à partir du sol.

Les sept autres nutriments, connus sous le nom de micro-nutriments ou d'oligo-éléments, sont nécessaires en plus petites quantités mais sont néanmoins essentiels à la croissance saine des plantes. Il s'agit du titane, du manganèse, du bore, du zinc, du molybdène, du cuivre et du chlore. Si la plante ne dispose pas de l'un de ces nutriments minéraux, sa croissance en souffrira d'une manière ou d'une autre.

Certains sols sont déficients sur certains aspects, de sorte que les plantes qui y sont cultivées présentent les symptômes d'une carence des éléments qui leur font défaut. Même dans le sol, le produit peut être présent mais pas sous une forme soluble qui permettra à la plante de l'absorber. C'est l'une des raisons pour lesquelles les plantes cultivées en hydroponie produisent une croissance rapide et saine. Tous les éléments nutritifs dont elles ont besoin sont toujours disponibles dans les bonnes proportions, tout comme l'apport d'eau, très important, dans lequel les éléments nutritifs sont dissous.

Osmose
Le processus par lequel les plantes absorbent les nutriments minéraux dissous dans l'eau est appelé osmose. La tendance des fluides à traverser une membrane semi-perméable et à se mélanger les uns aux autres est l'osmose. Une membrane semi-perméable est quelque chose qui permet de traverser certaines choses mais pas d'autres. Chez les plantes, les petits poils des racines ont besoin des nutriments dissous dans l'eau pour atteindre le système racinaire, mais ne permettent pas, par exemple, aux particules de terre de pénétrer dans la plante.

L'osmose est un mécanisme majeur que l'on retrouve aussi bien chez les plantes que chez les animaux. Chez les animaux, les aliments digérés sont osmosés dans la circulation sanguine. Les cellules du chevelu racinaire d'une plante contiennent une solution dense de sels et d'acides organiques. Comme cette solution est plus forte que la solution faible de nutriments dissous dans l'eau du sol, une forte pression osmotique pousse la solution faible à traverser les parois cellulaires pour se mélanger à la solution dense. Ce processus d'osmose se poursuit de cellule en cellule, de sorte que les nutriments dissous dans l'eau du sol pénètrent dans les racines de la plante, puis dans toute la plante.

L'osmose peut également fonctionner en sens inverse et tuer une plante. Certains jardiniers, lorsqu'ils appliquent une forte dose d'engrais soluble autour d'une plante, créent une situation où la solution dans le sol est plus forte que dans la plante. En conséquence, la plante perd son humidité, se fane et meurt souvent. Cette situation est facilement évitée car la solution nutritive qui alimente les plantes cultivées en hydroponie peut être dosée.

Les plantes cultivées en hydroponie, recevant les nutriments dont elles ont besoin, peuvent même se développer à un degré que n'atteignent pas normalement les plantes cultivées dans le sol. Leurs racines deviennent extrêmement bien nourries, accumulant de grandes quantités de sels minéraux. Comme la solution de sels dans les cellules des racines des plantes est très forte, la capacité de ces cellules à absorber l'eau est accrue. Ainsi, au lieu que l'eau et les nutriments montent dans le xylème de la plante par osmose, les racines peuvent absorber une telle quantité d'eau que celle-ci est forcée de monter dans le xylème. Les racines agissent en fait comme une pompe. Cette condition a été appelée "pression racinaire" et accélère le développement du reste de la plante.

Hormones de croissance

De nouvelles recherches sur le mode de croissance des plantes ont permis d'accélérer encore davantage le rythme de croissance des plantes. En général, la croissance d'une plante se fait à des rythmes différents selon les parties de la plante. Certaines parties de la plante se développent à un rythme similaire. Les racines et les pousses ne se développent pas l'une l'autre car elles sont interdépendantes. Elles ont toutes deux besoin les unes des autres, les pousses ont besoin de minéraux obtenus par les racines et les racines ont besoin des produits photosynthétiques des feuilles des pousses. Il existe des molécules messagères spéciales dans les plantes, appelées hormones, qui contrôlent les taux de croissance des plantes.

Les hormones sont produites dans diverses parties d'une plante et sont transportées en quantités infimes autour de la plante, affectant le type de croissance qui a lieu dans les cellules dont les plantes sont composées. Il existe aujourd'hui des hormones synthétiques qui peuvent être incluses dans une solution nutritive de culture hydroponique pour produire la croissance accrue attribuable à certaines de ces hormones. La floraison et la fructification sont deux développements critiques de la croissance d'une plante dans lesquels les hormones sont impliquées. Les hormones réagissent aux changements de l'environnement en stimulant la floraison et la fructification. La floraison, par exemple, est souvent contrôlée par la durée du jour, une réponse connue sous le nom de photopériodisme. Les horticulteurs peuvent maintenant provoquer la floraison à presque n'importe quel moment de l'année grâce à des équipements qui régulent la quantité de lumière reçue par leurs plantes et à des hormones de croissance.

CHAPITRE DEUX
Les nutriments essentiels

Azote

L'azote est l'un des principaux éléments qui contribuent à la croissance d'une plante. Les plantes utilisent l'azote pour créer des acides aminés et des protéines qui sont utilisés pour générer une nouvelle croissance dans les cellules. L'azote se déplace rapidement dans la plante pour favoriser la nouvelle croissance au détriment du feuillage plus ancien. Toute carence entraînera une faiblesse de la nouvelle croissance et un chétif résultat dans une plante rabougrie. La pénurie est généralement d'abord perceptible dans les feuilles plus anciennes d'une plante qui perdent leur couleur verte et deviennent progressivement jaunes. Cela est dû au fait que l'azote est essentiel dans les feuilles pour l'oxygène vert qui produit le pigment chlorophylle.

Les petites feuilles jauniront également à mesure que la pénurie persistera et les nervures de la face inférieure des feuilles prendront une couleur rouge ou violette. Les plantes potagères peuvent monter en graines. Une abondance d'azote affecte également la fructification ou la production de graines de la plupart des plantes.

Phosphore

Un autre facteur de croissance essentiel pour les plantes, le phosphore, est également crucial pour la photosynthèse des plantes et la formation des cellules. Il agit comme un catalyseur facilitant le transfert d'énergie pour la plante, dans ce cas. Le phosphore est important pour le développement de bons systèmes racinaires, et il est également nécessaire pour former les fleurs et les graines d'une plante. Comme le phosphore, tout comme l'azote, est très mobile dans la plante, toute carence est généralement visible dans la couleur des feuilles de la plante. Une carence en phosphore produit une coloration vert foncé de la feuille.

Potassium

Le potassium, comme le phosphore, agit comme un catalyseur pour activer ou déclencher un certain nombre de fonctions au sein des plantes. Il est une source pour les enzymes végétales qui préviennent les maladies et jouent un rôle important dans le développement des cellules.

La marbrure des feuilles âgées des plantes et le jaunissement des feuilles le long de leurs nervures peuvent suggérer une carence en potassium. Comme il s'agit d'un autre élément de la plante qui est mobile, ce sont les feuilles les plus âgées qui affichent en premier toute carence. Les plantes qui manquent de ce nutriment peuvent perdre leurs fruits avant qu'ils n'arrivent à maturité.

Calcium

Le calcium est l'élément qui soutient les parois cellulaires lors de leur formation dans les plantes. Il contribue à amortir les excès d'autres éléments et constitue une partie importante de la structure des racines d'une plante. Le calcium n'est pas très mobile dans les plantes, il est donc présent en plus grande concentration dans les plantes plus âgées. Par conséquent, lorsqu'il y a une carence en calcium, ce sont les nouvelles pousses qui en souffrent en premier. La croissance plus ancienne conserve son calcium mais cet élément important fera défaut à la nouvelle croissance. Les pointes fraîches des feuilles et les pointes ascendantes ont tendance à dépérir avec une carence en calcium et les feuilles ont une brûlure brune à noire, même une faible teneur en calcium est la source de la pourriture de l'extrémité de la fleur, souvent vue comme une croûte noire sur le fond du fruit de la tomate.

Magnésium

Le magnésium est un autre facteur essentiel à la photosynthèse des plantes. Il est d'une importance vitale pour la molécule de chlorophylle et est aussi largement utilisé dans la production de graines. Une carence peut faire jaunir les feuilles d'une plante et s'étendre du centre vers les bords extérieurs de la feuille. Les feuilles finissent par prendre une couleur orange. Un manque de magnésium entraîne d'autres problèmes si vous souhaitez faire pousser d'autres plantes à partir des graines produites, car elles sont mal formées et ont un faible taux de germination. Le magnésium agit comme un transporteur de phosphore dans la plante et favorise la formation d'huiles, de graisses et de jus.

Soufre

Comme le calcium, le soufre joue un rôle important dans la structure des tissus d'une plante. Il est l'un des composants des protéines végétales et joue un rôle important dans la production des saveurs et des odeurs de la plupart des plantes. Lorsque les plus jeunes feuilles d'une plante deviennent pâles, un manque de soufre apparaît. Malgré une croissance continue, elle a tendance à être dure et ligneuse avec une très faible augmentation de la croissance radiale. À l'intérieur d'une plante, le soufre ne se déplace pas beaucoup.

Fer

Le fer est nécessaire à la production de chlorophylle dans les plantes et est utilisé dans la photosynthèse. Une carence en fer affecte la nouvelle croissance des plantes, les feuilles deviennent presque blanches et les nervures des feuilles présentent un jaunissement certain.

Le fer n'est pas très mobile ni facilement absorbé par les plantes, ce qui en fait un élément difficile à remplacer une fois perdu. Le fer est un micronutriment important dont toutes les plantes et tous les animaux ont besoin.

Manganèse

Le manganèse intervient dans de nombreuses enzymes végétales, notamment celles qui réduisent les nitrates avant la production de protéines. Le jaunissement marbré des jeunes feuilles caractérise généralement une carence en manganèse. En particulier sur les agrumes, seules de petites feuilles jaunes se forment et ne se développent pas davantage. La formation de nouveaux bourgeons floraux est également affectée.

Zinc

Le zinc fait partie des hormones de croissance et est également essentiel à la plupart des enzymes végétales. Le zinc est un autre élément qui, une fois perdu, n'est pas facilement remplacé. Les nouvelles feuilles des plantes déficientes en zinc sont fortement sous-dimensionnées. Le zinc augmente la source d'énergie pour la production de chlorophylle et favorise également l'absorption d'eau. C'est en partie pour cette raison que les plantes qui manquent de zinc peuvent être rabougries. La formation des auxines, hormones qui favorisent la croissance des cellules végétales, dépend également en partie de la présence de zinc.

Cuivre

Les plantes utilisent le cuivre comme activateur ou catalyseur de diverses enzymes importantes. Un manque de cuivre entraîne un ralentissement de la nouvelle croissance, ou parfois une croissance irrégulière, avec souvent un dépérissement des nouvelles pousses. Parfois, les fruits peuvent se briser pendant la maturation, en particulier à des températures chaudes. Le cuivre augmente la teneur en sucre des agrumes et rend les cultures telles que les carottes, les épinards et les pommes plus colorées. Lors de la formation de l'hémoglobine dans le sang des animaux, le cuivre joue un rôle important dans l'utilisation du fer.

Bore

Dans cet élément, la carence en bore se manifeste généralement par la mort lente des tissus végétaux, surtout autour du point de croissance principal et de l'apex ou point central des racines. Sur les fruits des plantes carencées en bore apparaissent des fissures dont la taille varie de petite à assez grande. Très souvent, les racines se creusent et se détériorent. En plus d'être important pour la pollinisation et la production de graines, le bore est nécessaire à la division cellulaire normale et à la formation des protéines.

Molybdène

Le molybdène est utilisé par les plantes dans la formation des protéines et affecte la capacité de la plante à fixer l'azote atmosphérique. Des feuilles pâles qui semblent brûlées sur les bords peuvent indiquer une carence. Parfois, les feuilles peuvent se déformer. Le brocoli, les choux de Bruxelles, la laitue, le chou-fleur et d'autres brassicas n'auront pas une croissance adéquate des feuilles lorsque le molybdène n'est pas disponible. Le molybdène est également essentiel pour les plantes telles que les pois qui utilisent des bactéries fixatrices d'azote pour avoir des nodules sur leurs racines. Ce n'est qu'après avoir détaillé les fonctions de ces éléments nutritifs que l'on peut conclure qu'ils sont tous essentiels à la production de plantes saines.

Vous vous demandez peut-être comment les plantes peuvent prospérer dans un sol où, à des degrés divers, un ou plusieurs de ces éléments essentiels peuvent être déficients. Les plantes poussent extrêmement bien dans la nature, non contaminée par l'homme. Seules les plantes adaptées à des sols extrêmement pauvres poussent sur ces sols. En outre, les plantes modifient progressivement le sol en le brisant avec leur système racinaire, certaines contribuent même à remplacer les éléments nutritifs du sol, par exemple, les pois ont des bactéries fixatrices d'azote dans les légumineuses à leurs racines. Certaines espèces végétales ne peuvent que s'établir même dans les sols les plus déficients, ouvrant la voie à d'autres espèces qui leur succéderont plus tard.

Des communautés végétales complexes se développent fréquemment, comme dans les forêts indigènes de Nouvelle-Zélande, alimentant le sol en grandes quantités d'humus au fur et à mesure que les vieilles forêts se décomposent pour faire place aux nouvelles. Les systèmes racinaires complexes des arbres indigènes maintiennent ce sol fertile en place tandis que l'épaisse couverture offerte par leurs feuilles le garde humide, créant ainsi les conditions idéales pour les fougères et autres sous-bois.

Si elles sont laissées à elles-mêmes, les plantes réagissent à leur environnement et le modifient très efficacement. Les difficultés surviennent lorsque les gens essaient de faire vivre un grand nombre de personnes, en mettant en place des monocultures complexes. Des variétés de cultures uniques sont cultivées sur de grandes surfaces, ce qui permet l'application à grande échelle de pesticides pour éliminer les rivaux et d'autres produits chimiques pour lutter contre les maladies. L'humus restant dans le sol, issu des forêts indigènes disparues, sera bientôt épuisé, ce qui nécessitera des applications d'engrais à grande échelle, qui fourniront peut-être aux plantes les nutriments dont elles ont besoin, mais ne remplaceront pas la fonction de l'humus, qui consiste à maintenir le sol dans un état léger, aéré et exploitable.

Au cours du processus de construction, le jardinier amateur se retrouve dans une situation similaire sur une nouvelle section qui n'avait que la quantité minimale de terre végétale nécessaire pour faire pousser une couche d'herbe. La terre végétale (et le compost) doit être restituée pour former un potager ou des arbres fruitiers. Il faut des engrais et du compost pour faire remonter la teneur en humus du sol. Cependant, le jardinier amateur est gêné par le manque de conseils techniques de la part des experts qui sont souvent employés pour examiner les conditions du sol dans les zones de cultures importantes et recommander les applications d'engrais appropriées. Mieux vaut prévenir que guérir pour le jardinier amateur qui souhaite cultiver une grande variété de plantes, la solution étant de continuer à alimenter régulièrement le sol du potager en engrais et en compost plutôt que d'attendre l'apparition des signes de carence décrits précédemment.

La production hydroponique réduit les problèmes liés aux sols pauvres et pauvres en nutriments, tant pour les cultures commerciales que domestiques. Au lieu de dépenser de grandes quantités d'engrais sur une grande surface de sol où les cultures doivent pousser, le cultivateur commercial peut faire tourner les quantités requises dans un système hydroponique compact en ajoutant des nutriments uniquement en cas de besoin.

Les systèmes hydroponiques réduisent les problèmes rencontrés par les jardiniers amateurs lorsqu'un engrais ajouté à une communauté de plantes contrecarre un autre engrais appliqué à plusieurs plantes voisines. Il est également facile de nourrir les plantes en grandes quantités. Certains facteurs importants doivent être présents en petites quantités car une concentration trop élevée peut être toxique pour les plantes. D'excellents produits nutritionnels hydroponiques conçus pour la culture en cours contiennent les bons éléments nutritifs dans les bonnes proportions pour une croissance optimale, et peuvent être facilement mesurés et dosés avec un équipement peu coûteux, efficace et facilement disponible.

CHAPITRE TROIS
La formule des nutriments

Maintenant que vous avez une idée du rôle que jouent les différents éléments nutritifs dans les plantes, et une idée de la mauvaise santé des plantes due à des carences en ces éléments vitaux, je peux vous décrire une formule nutritive typique, afin que vous puissiez avoir un aperçu de la façon dont ces éléments sont mis à la disposition de vos plantes dans un système de culture hydroponique. Les éléments essentiels composant les mélanges nutritifs sont l'azote, le calcium, le potassium, le phosphore, le bore, le cuivre, le fer, le manganèse, le magnésium, le zinc, le soufre et le molybdène.

Il existe un certain nombre d'autres éléments connus de la science qui jouent également un rôle dans la croissance des plantes. Parmi eux, le sodium, le sélénium, le chlore, le vanadium et le cobalt. Ces éléments ne sont généralement pas inclus dans le mélange nutritif, car ils sont nécessaires en quantités extrêmement faibles, si faibles en fait que des quantités suffisantes sont presque certainement présentes dans le mélange sous forme d'impuretés. Il se peut que d'autres éléments soient également nécessaires, toujours en quantités microscopiques, mais leur présence sous forme d'impuretés est si faible qu'elle est extrêmement difficile à détecter. Certains éléments proviennent également de sources autres que le mélange nutritif. L'air en fournit certains, tout comme l'eau.

Il y a deux façons d'obtenir votre mélange nutritif : vous pouvez l'acheter sous forme de poudre prête à l'emploi auprès d'un certain nombre de fournisseurs ou vous pouvez le mélanger vous-même. Si vous êtes un cultivateur commercial avec une opération massive, vous voudrez probablement au moins mélanger vos propres composants importants. Certains cultivateurs amateurs qui aiment expérimenter peuvent aussi vouloir faire leur propre mélange, mais vous trouverez plus facile d'acheter un produit prêt à l'emploi. À moins que vous n'utilisiez plus de 100 kilogrammes de sels secs par an, les économies réalisées en mélangeant vos propres produits seront minimes. C'est comme posséder une voiture, vous pouvez aimer la conduire mais il est inutile d'essayer d'économiser quelques centimes en mélangeant votre propre essence. Quoi qu'il en soit, voici quelques formules pour ceux qui souhaitent les utiliser ou qui veulent savoir de quoi sont composés les différents mélanges. Vous remarquerez que les mélanges se présentent en deux parties. Il s'agit d'un stockage pour éviter la précipitation entre les différents éléments qui composent le mélange.

Formule numéro un pour les systèmes de "gaspillage".

Grammes par 100 litres

Sac A- Nitrate de calcium_____80.9

- Sac B - Sulfate de potassium_____55.4
- Potassium Phosphate_____17.7
- Phosphate d'ammonium_____9.9
- Magnesium Sulphate_____46.2
- Iron EDTA_____3.27
- Manganese Sulphate_____0.02
- Boric Acid_____0.172
- Zinc Sulphate_____0.044
- Ammonium Molybdate_____0.005

Vous utilisez cette formule par volume et devez dissoudre les éléments dans les quantités indiquées dans 100 litres d'eau. Remarque : n'essayez pas de dissoudre les quantités ci-dessus dans un volume d'eau plus petit, car il se produirait une précipitation chimique qui détruirait essentiellement l'élément nutritif.)

Formule numéro deux

L'ingrédient suivant doit être dissous dans deux récipients séparés de 25 litres d'eau propre pour obtenir deux concentrés de "solution de base" à utiliser dans des systèmes de recirculation (peut également être utilisé dans des systèmes "à jeter" si nécessaire)

- Sac A Nitrate de Calcium_____2.5 Kg
- Les ingrédients suivants doivent être dissous dans 25 litres d'eau propre
-
- Sac de Nitrate b-Potassique_____1.5 Kg
- Phosphate mono-potassique_____0.5 Kg
- Sulfate de magnésium_____1.3 Kg
- T.E. (Trace Element) MIX_____0.1 Kg (100 grammes)

Pour fabriquer le TE (Trace Element Mix), il est utile de travailler en plus grandes quantités afin d'éviter les problèmes de pesage des petites pièces, de telle sorte qu'il fasse approximativement

- 10Kgs de mélange TE :
- Chélate de fer
- 7.5 Kgs Manganèse
- Sulfate 1.4Kgs

- Acide borique
- Sulfate de cuivre
- Sulfate de zinc (Mono)
- 85 grammes d'ammonium
- Molybdate 20 grammes

Ce mélange vous permet désormais de mélanger vos propres nutriments avec l'un d'entre eux.

En plus de simplifier le mélange de la solution nutritive, l'utilisation d'un composé chimique complexe appelé chélate, comme le fer illustré ci-dessus, présente d'autres avantages

Un oligo-élément, lorsqu'il est étroitement lié à une molécule sous la forme d'un chélate, l'empêche de réagir avec d'autres substances. Pourtant, l'élément nutritif reste entièrement disponible lorsque le chélate est absorbé par la plante. Cela évite la situation qui se produit parfois lors de l'utilisation de sulfates, où le sulfate devient insoluble et inutilisable pour la culture. De même, une réaction avec les phosphates solubles peut se produire, ce qui aura pour effet de "bloquer" à la fois les oligo-éléments et les phosphates. Le fer, en particulier, doit être introduit dans le mélange nutritif sous forme de chélate. Bien qu'il soit plus cher que les sels de fer, il n'en faut que de petites quantités.

L'utilisation de sels de fer comme le sulfate ferreux dans votre combinaison entraîne des problèmes de précipitation du fer dans le système qui nécessitent un rinçage régulier de l'eau et un remplacement régulier de la solution nutritive. La plupart des oligo-éléments peuvent être introduits sous forme de chélate dans la solution nutritive, à l'exception du bore et du molybdène inorganiques, qui ne peuvent pas être chélatés.

Voici donc les principales formulations que je prescris pour les mélanges de nutriments. Elles fourniront un régime équilibré pour une croissance rapide et surtout saine de vos plantes cultivées en hydroponie. Maintenant que vous avez les formulations, vous pouvez essayer de mélanger celle qui vous semble la plus adaptée à vos besoins ou acheter une version prête à l'emploi. Lorsque vous achetez votre mélange, il vous suffit de peser la partie A et la partie B afin d'obtenir le bon ratio tel que défini sur l'emballage, puis de l'appliquer à la teneur en eau requise.

Tant qu'il s'agit d'une combinaison fiable de nutriments en "deux parties", les résultats seront atteints à la demande. Méfiez-vous des aliments pour plantes à mélange unique, dont la publicité affirme qu'ils conviennent à la production hydroponique. Il y a beaucoup de produits sur le marché qui sont sans valeur pour une utilisation hydroponique, malgré les affirmations contraires.

CHAPITRE QUATRE
Équipement

Lors du choix de l'équipement pour les systèmes hydroponiques, il y a deux choses importantes à garder à l'esprit. La première est que tout matériau qui contient la solution nutritive doit être étanche à la lumière. L'autre chose à noter est que les produits qui entrent en contact avec la solution nutritive ne doivent pas émettre de contaminants qui perturbent l'équilibre de la solution nutritive (comme le bras en laiton illustré sur la vanne à flotteur). Le prix est certes essentiel, mais ces deux premiers facteurs ne doivent pas être négligés.

Réservoirs de stockage

Les seaux en plastique avec couvercle découpé et les poubelles en plastique sont deux types de réservoirs bon marché et facilement disponibles qui devraient répondre à toutes les spécifications nécessaires. L'acier inoxydable est un matériau approprié, car la solution minérale ne l'endommage pas. Les conteneurs en béton peuvent également être utilisés mais doivent être vieillis pour s'assurer que le calcaire et les autres contaminants sont lessivés des surfaces en béton. Une couche de scellant est un moyen de surmonter ce problème.

Lignes de nutriments

Les tuyaux en PVC de qualité alimentaire sont le matériau le plus approprié pour transporter la solution nutritive. Il existe une grande variété de matières plastiques qui peuvent être adaptées pour être utilisées comme lignes de nutriments, mais n'oubliez pas de vous assurer qu'elles sont étanches à la lumière. Les tuyaux noirs ou de couleur foncée sont efficaces pour empêcher la lumière de pénétrer et pour capter la chaleur solaire.

Pompes

Les pompes d'aquarium de type vibrateur fonctionnent bien dans les systèmes de type Venturi, remplis d'agrégats. Elles peuvent également être utilisées dans les plus grands systèmes pour mettre sous pression un tube qui peut ensuite être utilisé pour introduire de l'acide dans le système. Cette méthode est décrite en détail dans le chapitre consacré à la mise en place d'un système. Les pompes submersibles conviennent mais vous devrez vérifier qu'elles ne comportent pas de composants métalliques qui pourraient contaminer le mélange nutritif. Ces pompes sont disponibles en basse tension, d'environ 20 watts jusqu'à des types produisant plusieurs chevaux-vapeur et fonctionnant sur le secteur. Un système domestique moyen peut fonctionner avec succès avec une pompe de 40 à 60 watts. Il existe un certain nombre de pompes pour les systèmes plus importants.

Soupapes

Des vannes d'arrêt placées à des endroits stratégiques peuvent être pratiques, surtout dans les grands systèmes hydroponiques. Elles vous permettront de travailler sur certaines parties du système sans avoir à tout arrêter. Là encore, ces vannes doivent être en PVC ou en acier inoxydable. Un autre aspect des grands systèmes, décrit dans le chapitre sur la mise en place, est la nécessité d'une vanne à flotteur ou d'un robinet à bille pour contrôler le réapprovisionnement en eau.

Il est surprenant de constater la quantité d'eau utilisée par les plantes. C'est pourquoi tout système plus grand qu'une jardinière ou qu'un jardin de type patio devra avoir une alimentation en eau qui s'écoulera dans la solution nutritive pour remplacer l'eau utilisée. Ceci est facilement contrôlé par un robinet à flotteur ou un robinet à bille qui arrête le débit lorsqu'il atteint un niveau donné. Si la vanne n'entre pas en contact avec la solution nutritive, elle peut être en laiton ou en un autre alliage, mais je pense que vous trouverez que les vannes en plastique sont généralement moins chères et fonctionnent mieux.

Conteneurs de culture

Il existe une gamme presque illimitée de récipients que vous pouvez utiliser dans un système hydroponique. Si le récipient n'est pas étanche à la lumière ou s'il risque de contaminer la solution nutritive, vous pouvez le recouvrir d'un film plastique. Le polyéthylène noir est le moins cher et a une longue durée de vie. Les fûts en plastique dont le couvercle a été coupé sont un moyen économique d'aménager une grande zone de culture. Les fûts peuvent être placés en ligne et remplis de granulats. Le mélange nutritif est pompé depuis le réservoir de stockage vers chaque tambour par des tuyaux d'alimentation.

Le tuyau d'alimentation principal passe au milieu de la ligne de tambours, avec des tubes plus petits se ramifiant vers chaque tambour. En fonctionnement, la solution nutritive s'écoule près du sommet de l'agrégat et s'écoule vers la base de chaque tambour. De là, la solution nutritive est acheminée par des tuyaux de drainage vers le réservoir de stockage. Un tuyau en polyéthylène de 15 mm (1/2") doit être assez grand pour drainer la solution nutritive de chaque tambour vers le tuyau de drainage principal qui va vers le réservoir de stockage. Il s'agit d'un moyen simple et efficace de construire un grand système avec des conteneurs de culture peu coûteux.

Pour la valeur de la ferraille, vous pouvez acheter toutes sortes de conteneurs désaffectés et les adapter pour les utiliser dans un système hydroponique. Pour commencer, les vieux lavabos en béton peuvent être utilisés dans des systèmes à agrégats remplis.

Dans les systèmes hydroponiques NFT, il existe également une large gamme de tuyaux et autres matériaux qui peuvent être utilisés comme rigoles. Les produits pour eaux pluviales sont idéaux, ils peuvent être utilisés efficacement avec des becs en plastique, des tuyaux de descente en plastique et même des produits de toiture à long terme. Vous pouvez percer des trous en plastique pour permettre aux plantes de pousser.

Utilisez du polyéthylène blanc ou un film panda (film plastique co-extrudé noir et blanc) pour dissimuler les rigoles et laisser la lumière hors de la solution nutritive tout en utilisant des gouttières et autres matériaux qui offrent une rigole ouverte. Les trous pour les plantes sont faciles à faire dans le polyéthylène. Vous pouvez même fabriquer vos propres rigoles en bois et utiliser du polyéthylène pour les aligner. Le polyéthylène peut également être utilisé en le pliant et en attachant les bords ensemble avec des pinces à linge en haut. Lorsque l'un ou l'autre côté d'une plante est coupé, les pinces à linge aident également à soutenir la plante.

Équipement de test C F (conductivité)

L'intérêt de l'équipement d'analyse de la solution nutritive devrait maintenant être très clair. Avant l'invention des équipements d'analyse, les agriculteurs devaient appliquer une certaine quantité d'éléments nutritifs à un volume d'eau fixe qui produisait ensuite la force désirée d'une solution nutritive. Celle-ci pouvait alors être utilisée pendant une période donnée avant d'être jetée et remplacée par un nouveau mélange frais.

Cette pratique est un gaspillage, car elle suppose que tous les éléments nutritifs de la solution ont été utilisés par les plantes pendant la durée de son utilisation. En fait, il est probable que seule une partie des éléments nutritifs ait pu être utilisée et, hormis les symptômes de carence manifestés par les plantes, le cultivateur n'aurait eu aucune idée du moment où les différents constituants des éléments nutritifs auraient été épuisés. Aujourd'hui, il existe des laboratoires agréés où les agriculteurs peuvent tester leurs mélanges d'éléments nutritifs.

Ils peuvent utiliser un spectromètre d'absorption atomique capable d'analyser le mélange de nutriments et de fournir une lecture des différents éléments du mélange en parties par million. Ce type de technologie est beaucoup trop complexe, coûteux et trop précis pour être utilisé quotidiennement par les agriculteurs hydroponiques. Le compteur CF déjà décrit est plus approprié. Il mesure la force de la solution nutritive. Ils sont faciles à utiliser et disponibles pour les cultivateurs professionnels comme pour les amateurs.

Il existe différents types de compteurs CF. Les anciens compteurs CF manuels se composent généralement de deux cadrans et d'un compteur de mise à zéro ou d'annulation.

L'opérateur mesure d'abord la température de la solution à tester, la solution nutritive, puis la règle sur le cadran de température, dont les réglages se situent généralement entre 15 °C et 40 °C. Certaines solutions nutritives remplissent ensuite la coupelle d'échantillon du compteur. Le deuxième bouton est tourné jusqu'à ce que l'aiguille du compteur tombe à zéro.

La valeur de la FC est indiquée par la position de ce deuxième cadran. Le compteur comprend un réglage de la température, car celle-ci a un effet important sur la lecture de la FC. Les valeurs de FC sont généralement données à une température normale de 20 ° C. La température de la solution nutritive changeant pour chaque degré Celsius, la valeur de FC changera d'environ deux pour cent. Cela peut faire une différence significative, de sorte que les compteurs doivent être capables de tenir compte des variations de température. Les nouveaux compteurs à conductivité automatique (CF) tiennent automatiquement compte des différences de température par rapport à la mesure normale de 20 °C. Ces compteurs réduisent au minimum les contrôles.

Il n'y a pas de test, il suffit de plonger la partie sonde de l'appareil dans la solution nutritive. Le compteur enregistre alors pour vous la valeur de la FC, ajustée à un affichage numérique de la température. La seule chose dont l'opérateur doit se souvenir est de le laisser dans la solution suffisamment longtemps pour que le détecteur de température évalue correctement la température. Ces compteurs sont disponibles en version en ligne et en version portative.

Les unités en ligne sont dotées de raccords à chaque extrémité pour les installer dans le tuyau d'alimentation en nutriments qui alimente la zone de culture. Le compteur donne alors des lectures constantes de la CF sur l'état du mélange de nutriments. Un avantage supplémentaire fourni par certains fournisseurs est la possibilité de lire les valeurs dans d'autres mesures de conductivité telles que l'échelle 'EC' et l'échelle TDS (Total dissolved solids - non recommandé).

Contrôleurs hydroponiques

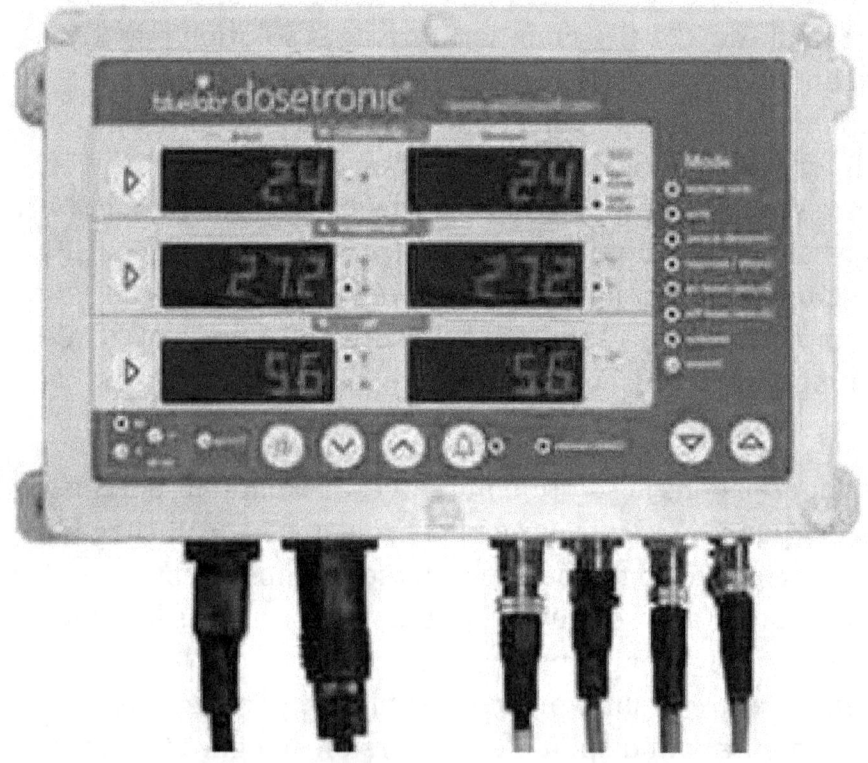

À l'aide d'un compteur CF, le cultivateur hydroponique peut rapidement évaluer la force du mélange de nutriments et ajouter des nutriments au réservoir si nécessaire. Cela peut sembler être beaucoup de travail, mais il faut savoir que les plantes qui poussent dans le sol utilisent également des nutriments. La différence est que vous ne détectez les carences en nutriments des plantes cultivées dans le sol que lorsque les symptômes de la carence apparaissent, et il est alors presque trop tard. Par conséquent, vous devez régulièrement appliquer des engrais dans des quantités qui sont tout à fait gaspillées. Dans un système hydroponique, seuls les nutriments réellement utilisés par les plantes doivent être remplacés. Les plantes peuvent utiliser d'énormes quantités de nutriments, mais leur croissance sera phénoménale. En ajoutant des systèmes de contrôle automatique, les performances de votre système hydroponique peuvent être améliorées.

Avec un contrôleur automatique de CF, vous pouvez prérégler le niveau de CF auquel vous souhaitez maintenir votre système. Si les plantes utilisent suffisamment d'éléments nutritifs pour que la quantité de CF du mélange nutritif tombe en dessous du niveau défini, le contrôleur déclenche automatiquement une pompe ou une électrovanne, provoquant l'écoulement d'un nouveau concentré d'éléments nutritifs dans le réservoir de rétention jusqu'à ce que la concentration de la solution nutritive tombe au-dessus du niveau défini et que le cycle de dosage s'arrête automatiquement. La plupart des contrôleurs CF disposent également d'alarmes de valeur haute et basse. Elles se déclenchent et vous avertissent si, par exemple, le réservoir d'appoint est vide, ou si une vanne ou une pompe est défectueuse. Un cultivateur professionnel disposant d'un grand réseau prendra le contrôleur automatique au sérieux. Une fois installé, les seules tâches qui restent au cultivateur sont la taille, la récolte et le remplacement des plantes, ainsi que le remplissage occasionnel des réservoirs d'appoint. Même, les contrôleurs CF sont bons pour les jardiniers amateurs.

Cela signifie que vous pouvez partir en vacances pendant que votre solution nutritive est automatiquement ajustée par le contrôleur selon les besoins. Les unités de contrôle maintenant produites en Nouvelle-Zélande sont responsables du contrôle de la FC et de l'autre indicateur important de votre solution nutritive, le pH. Les unités de contrôle sont basées sur les compteurs de FC et de pH avec des contrôles supplémentaires qui vous permettent de prédéterminer les niveaux de chacun d'entre eux et auxquels le contrôleur ajustera la solution nutritive.

Compteurs PH
Si vous êtes prêt à changer manuellement la solution nutritive, un pH-mètre sera aussi utile qu'un CF-mètre pour vous permettre de déterminer l'état de la solution nutritive.

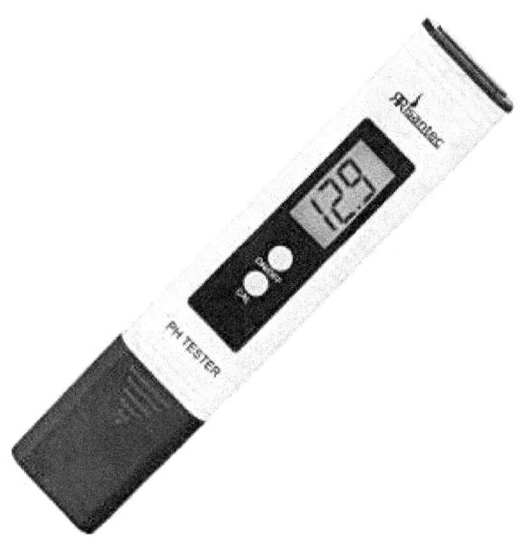

Un seul pH-mètre, au minimum les systèmes hydroponiques pourraient être alimentés. Pour les piscines, vous pourriez utiliser un ruban indicateur de couleur ou la solution type fournie en kit. Le système fonctionne tant que la mesure de la couleur est en bon état. La seule façon de vérifier que l'indicateur indique la vraie valeur est de l'essayer dans une solution dont vous connaissez déjà la valeur pH pour voir si l'on obtient le bon résultat. C'est ce qu'on appelle une "solution tampon". En général, cela ne vaut pas la peine d'essayer de le faire sans un bon pH-mètre. Le coût d'un pH-mètre est minime et les résultats sont plus précis, surtout si vous êtes daltonien.

Le pH-mètre est essentiellement un voltmètre très sensible qui mesure la pression électrique. L'eau pure n'a pas de tension du tout, mais une quantité infime d'électricité est produite dans les solutions acides et alcalines. Elle est trop faible pour être mesurée à l'aide d'un voltmètre normal. Le pH-mètre possède un amplificateur unique qui augmente la sortie de la sonde pH placée dans la solution à mesurer. Une fois amplifié, le signal de tension généré dans la sonde est ensuite modifié par des circuits individuels pour s'adapter aux variations de température, car les lectures de pH sont influencées par la température de la même manière que les lectures de FC, mais à un degré beaucoup plus faible. L'appareil de mesure fournit alors une lecture numérique qui vous indique la valeur du pH de la solution que vous avez testée.

Le pH-mètre fonctionne en prenant un signal minimal, en le multipliant, en l'ajustant puis en le convertissant en un niveau de pH, il faut donc veiller à la précision des lectures lors de l'utilisation du pH-mètre. L'échantillon doit être lavé dans de l'eau purifiée ou déminéralisée ayant un pH neutre de 7. L'échantillon peut ensuite être testé en le mettant dans un tampon. La sonde est d'abord placée dans une solution tampon dont vous savez qu'elle a un pH de 7. Il se peut que l'appareil de mesure n'indique pas 7, il faut donc ajuster le système d'ajustement du tampon jusqu'à ce que l'appareil indique un pH de 7. L'étape suivante consiste à placer la sonde dans une solution tampon dont le pH est de 4 (ou 10, il faut simplement le décaler par rapport à la valeur neutre de 7) afin d'effectuer le deuxième ajustement. Une fois plongé dans votre solution nutritive, le pH-mètre est maintenant prêt à donner une lecture précise.

Les nouveaux pH-mètres sont équipés de microprocesseurs dans leurs circuits, ce qui rend l'étalonnage automatique beaucoup plus simple. Veillez donc à lire les instructions fournies avec le pH-mètre pour en tirer le meilleur parti. Veillez à toujours laver la sonde à l'eau douce après la lecture sur votre pH-mètre.

Vous devrez également garder la sonde humide lorsqu'elle n'est pas utilisée, car elle ne doit jamais sécher. Cette procédure peut sembler compliquée, mais une fois votre jardin hydroponique établi, vous constaterez qu'elle ne prend que quelques minutes de votre temps. En testant et en ajustant régulièrement votre mélange de nutriments, vous obtiendrez de bonnes récoltes et cela vous prendra beaucoup moins de temps que de désherber un jardin conventionnel. N'oubliez pas non plus que, contrairement à un jardin en terre, un jardin hydroponique peut faire tester et ajuster son pH et ses niveaux de FC à l'aide d'un équipement de dosage automatique, dont certains des meilleurs modèles sont produits en Nouvelle-Zélande.

CHAPITRE CINQ
Mise en place d'un système

Les étapes de base de l'installation d'une petite zone de culture avec une pompe à air ont déjà été décrites. Ce système peut être étendu, mais il y a certains points à prendre en compte lorsque la taille de votre système augmente. Dans un jardin rempli d'agrégats, par exemple, vous devez vérifier de temps en temps les tuyaux de drainage et d'alimentation pour vous assurer que le système racinaire des plantes ne les a pas bouchés.

Le système de plus grande taille que vous êtes prêt à installer maintenant soulève également un certain nombre de points qui seront pertinents pour la plupart des grands systèmes hydroponiques. Il peut encore s'agir d'un système simple conçu pour alimenter plusieurs personnes et fonctionner sur un système de test manuel, mais le plan d'installation étape par étape comprend également les informations nécessaires pour automatiser le système.

Première étape : vérifier l'alimentation en eau

La première et l'une des plus importantes étapes de la mise en place d'un système hydroponique consiste à vérifier la qualité de votre approvisionnement en eau. L'eau est la base du mélange nutritif, la partie centrale de tout votre système hydroponique. Si votre eau est fournie par une autorité locale à partir d'une station de traitement des eaux, il n'y aura probablement aucun problème. Vous pouvez vérifier auprès du service d'ingénierie de votre ville qui peut généralement vous fournir une analyse de l'eau. Si votre eau provient d'un puits ou d'un forage, vous devriez faire analyser un échantillon pour vous assurer que l'eau n'est surchargée d'aucun élément.

Les valeurs maximales de chaque élément que les plantes peuvent tolérer, en parties par million, sont les suivantes :

Sodium_____180 ppm

(si on ne cultive que des laitues, cette valeur ne devrait être que de 20ppm).

Calcium_____100 ppm

Chlorure_____70 ppm

Bore_____0.2 ppm

Sulfate_____80 ppm

Magnésium_____45 ppm

Carbonates_____60 ppm

Les éléments tels que le sodium, le fer et le zinc, par exemple, deviennent toxiques pour les plantes s'ils sont présents en trop forte concentration. En général, votre eau sera acceptable si les valeurs suivantes ne sont pas dépassées.

Une eau surchargée d'un de ces éléments peut être tout à fait acceptable pour la consommation humaine mais s'avérer inutilisable dans un système hydroponique. Si votre eau fait partie des rares cas où une impureté ne peut pas être filtrée, vous devrez peut-être envisager une autre source d'approvisionnement en eau. L'eau de pluie est souvent une bonne alternative.

NOTE : Si les niveaux sont en dehors des valeurs indiquées, il faut demander l'avis d'un expert pour confirmer à la fois les formules requises et les cultures qui pourraient pousser de manière acceptable dans de telles conditions.

Si vous vouliez faire pousser des plantes en hydroponie à une valeur CF de 25 par exemple et que vous utilisiez de l'eau contenant un excès de sodium, vous pourriez constater que la valeur CF de votre solution nutritive est beaucoup plus élevée que les 25 unités CF requises.

En effet, l'eau peut avoir une valeur CF d'environ 22 avant même que vous n'y ajoutiez un mélange de nutriments. L'excès de sodium dans votre eau est responsable de ce chiffre. Ce n'est qu'un exemple de ce qui peut se produire si vous ne vérifiez pas votre approvisionnement en eau avant de commencer. La plupart des cultivateurs hydroponiques ne connaissent pas ce problème, mais il est toujours utile de vérifier.

Tout récipient qui n'est pas inerte doit être peint avec deux couches de peinture bitumineuse pour s'assurer qu'il ne libère aucune substance nocive dans la solution nutritive.

Deuxième étape : Planification de l'aménagement de la zone de culture

L'étape suivante de l'installation d'un jardin hydroponique consiste à planifier la disposition de vos rigoles ou zones de culture. Maintenez la surface de culture bien au-dessus du niveau du sol. Cela vous aidera à garder les produits propres et à assurer une bonne circulation de l'air, ce qui est particulièrement important si vous cultivez dans une serre. Laissez toujours beaucoup d'espace entre les zones de culture afin de pouvoir y accéder pour récolter vos produits et mettre de nouvelles plantes en place facilement. Vous pouvez augmenter ou diminuer la taille des zones de culture et modifier leur disposition en fonction de votre situation, à condition de respecter certains principes de base. Le premier est que la pente minimale des ravines NFT doit être d'au moins un sur quarante. Rappelez-vous que cela équivaut à 1 cm d'élévation à une extrémité de la rigole pour chaque 40 cm de longueur. Le débit de chaque rigole doit être d'environ un litre par minute, mais l'expérience vous montrera de combien vous pouvez réduire ce chiffre. Pomper la solution nutritive à travers votre système à un rythme plus rapide que nécessaire serait un gaspillage d'électricité et pourrait conduire à la formation de flaques indésirables et à la mort des racines...

La taille et la longueur des rigoles NFT dépendent totalement du type de culture. La laitue, par exemple, n'est pas un gros mangeur, donc des rigoles de 100 mm de diamètre, 50 mm de hauteur et jusqu'à 18 mètres de long peuvent être utilisées avec succès. Les tomates, en revanche, sont très gourmandes et ont une structure racinaire vigoureuse qui exige un bon apport d'oxygène et de nutriments, de sorte que la longueur de la rigole doit être réduite. Si l'on utilise des rigoles trop longues, les plantes situées à l'extrémité des rigoles seront en mauvaise santé. Une bonne longueur de rigole pour les tomates est de 10 mètres, bien qu'elle puisse être étendue jusqu'à 15 mètres, à condition que la rigole soit de taille suffisante, qu'elle soit installée correctement pour éviter toute accumulation de nutriments, qu'elle ait une pente minimale de 1:40 et qu'elle soit équipée d'un contrôle du débit pour limiter le volume de nutriments entrant dans la rigole.

Certains cultivateurs utilisent des tuyaux d'alimentation supplémentaires placés à intervalles réguliers le long de ravines extrêmement longues. Cette méthode n'est pas recommandée pour les longues rigoles. Vous devez toujours introduire la totalité de votre mélange nutritif à la tête de la rigole, car la solution nutritive périmée est expulsée de la rigole par l'arrivée de la solution nutritive renouvelée. Cela peut ne pas se produire aussi efficacement lorsque l'afflux de solution nutritive est réparti entre plusieurs points d'entrée. Il serait préférable d'utiliser un plus grand nombre de rigoles sur de courtes longueurs avec des débits adéquats. N'oubliez pas l'importance de l'oxygène pour les plantes. La solution nutritive éventée doit être renvoyée efficacement dans le réservoir de stockage pour que les gaz résiduels puissent être expulsés et que les plantes reçoivent de l'oxygène et des nutriments frais.

Une pratique récente avec les rigoles NFT consiste à utiliser un tapis capillaire pour tapisser la rigole. Ce matériau agit comme un papier buvard et permet à la solution nutritive de se répandre sur tout le sol de la rigole. Le tapis capillaire permanent est excellent dans les situations commerciales où toutes les plantes et leurs racines peuvent être retirées en une seule fois avec le tapis. Cependant, dans le cas d'un jardin hydroponique à la maison, il peut s'avérer gênant de ne retirer qu'une seule plante, car les racines de la plante auront poussé à travers le tapis capillaire. Dans la plupart des cas, le tapis n'est pas nécessaire, sauf lorsque les plantes sont extrêmement petites. À ce stade, il est possible que le système racinaire de la plante ne se trouve pas sur le trajet du flux de nutriments.

Ce problème est facilement résolu en plaçant de petits morceaux de papier absorbant sous les racines des très petites plantes ou un morceau du tapis capillaire jetable qui se dissout après environ dix jours après avoir été mouillé pour la première fois. Ces morceaux agissent comme du papier buvard jusqu'à ce que les racines se développent et que le matériau se désagrège progressivement. Les morceaux de matériau sont capturés par une crépine qui élimine également les petites particules de végétation avant qu'elles ne soient évacuées dans le réservoir de stockage. Cela permet de garder le système propre.

La mise en place de conteneurs remplis d'agrégats est assez simple. L'arrangement décrit dans la section sur les conteneurs de culture utilisant des fûts peut être étendu jusqu'à ce que vous atteigniez la surface de culture dont vous avez besoin ou vous pouvez utiliser de grands plateaux semblables à ceux illustrés pour le système double dans ce chapitre. La taille des récipients remplis d'agrégats peut varier en fonction de la taille du réservoir de retenue que vous avez la place d'installer. La façon de déterminer la taille dont vous avez besoin est expliquée en détail dans la section sur les réservoirs de stockage. Lorsque vous remplissez les conteneurs de granulats, n'oubliez pas d'utiliser un matériau plus grossier au fond, qui devient plus fin à mesure que vous remplissez le conteneur. Terminez par une couche de matériau légèrement plus grossier à la surface. Une couche de 1 cm de profondeur de copeaux de 4 ou 5 mm fonctionne bien, permettant à la couche de surface de rester sèche et exempte de croissance d'algues .

Troisième étape : Le réservoir de stockage

La taille des réservoirs de rétention dépendra de la taille de la zone de culture à alimenter et du type de système. Les systèmes de test et de dosage manuels ont des exigences différentes des systèmes de dosage automatiques.

Systèmes manuels

Il n'y a pratiquement aucune limite de taille maximale pour les réservoirs de rétention dans les systèmes manuels de test et de dosage, seulement une taille minimale. La taille minimale du réservoir de rétention peut être établie avec précision une fois que vous avez vos rigoles, vos conteneurs de culture, vos tuyaux d'alimentation et de drainage et votre pompe installée et prête à fonctionner. Choisissez un récipient qui, selon vous, contiendra suffisamment d'eau pour remplir le système, tout en prévoyant un peu d'eau supplémentaire. Vous pouvez ensuite remplir le récipient d'eau et commencer à pomper l'eau autour du système tout en continuant à remplir le récipient.

Lorsque l'eau circule dans toutes les rigoles et tous les conteneurs de culture et retourne dans le réservoir temporaire, vous pouvez arrêter de le remplir d'eau, mais laissez la pompe en marche pour que l'eau continue de circuler dans le système.

Vous pouvez maintenant commencer à vider lentement l'eau du récipient jusqu'à ce que vous atteigniez la quantité minimale nécessaire pour entretenir correctement la pompe. Lorsque vous avez atteint ce niveau, arrêtez la vidange et arrêtez la pompe. Laissez l'eau des rigoles et des conteneurs de culture se déverser dans votre réservoir temporaire. Cela prendra probablement de cinq minutes à une demi-heure, après quoi vous aurez la quantité d'eau minimale requise pour faire fonctionner le système dans votre réservoir.

Après avoir découvert la quantité minimale de liquide nécessaire pour faire fonctionner votre système, vous pouvez vous procurer un réservoir de rétention de la taille appropriée. Vous serez surpris de la quantité d'eau contenue dans le système. Si vous ne tenez pas compte de la quantité d'eau contenue dans le système lorsque vous décidez de la taille du réservoir, celui-ci sera inondé dès qu'il y aura une coupure de courant ou que la pompe tombera en panne.

Le réservoir devra peut-être encore être capable de contenir beaucoup plus de liquide que la quantité minimale que vous avez découverte lors de votre essai. En effet, lorsque le système fonctionne avec toutes les plantes, la quantité de solution nutritive contenue dans le système doit pouvoir répondre aux besoins nutritionnels de toutes les plantes pendant le temps qui s'écoule entre les essais et les dosages.

La quantité minimale de solution nutritive nécessaire pour que le liquide circule dans le système et que la pompe fonctionne pourrait fournir suffisamment de nutriments aux plantes si vous testez et dosez plus régulièrement, disons deux fois par jour. En d'autres termes, si vous testez et dosez le mélange avant le petit-déjeuner et après le repas du soir, la quantité minimale de mélange nutritif utilisée ne devra assurer une alimentation adéquate des plantes que pendant des périodes d'environ 10 heures.

Si vous décidez de ne tester et de doser le mélange qu'une fois par jour, il devra durer deux fois plus longtemps, ce qui nécessitera un réservoir plus grand. En utilisant un réservoir plus grand que celui qui est techniquement nécessaire, vous

vous assurez que les plantes seront suffisamment alimentées, surtout pendant les périodes de forte alimentation. Il est évident que des considérations telles que l'utilisation efficace de l'espace dont vous disposez, ainsi que le financement, limiteront la taille de votre réservoir, bien que théoriquement, pour les systèmes manuels, plus il est grand, mieux c'est.

Systèmes automatiques

Le plus efficace de tous les systèmes hydroponiques est le système à contrôle et dosage automatiques. Les systèmes plus simples fonctionnent tous bien, mais pour conserver leur simplicité, ils sacrifient certains aspects des performances. Vous pouvez cultiver en hydroponie sans aucun équipement de contrôle. Au lieu de cela, un volume de solution nutritive plus important que celui réellement nécessaire est entièrement remplacé toutes les deux ou trois semaines.

Outre le fait qu'il s'agit d'un gaspillage, vous devez accepter que, lorsque vous utilisez ce système, vous n'aurez aucune idée de la quantité de nourriture disponible pour les plantes pendant toute la période. La période d'élimination et de substitution peut être largement prolongée grâce à l'utilisation d'un équipement de test automatisé, mais il y aura toujours des périodes où le nutriment ne fournira pas la meilleure croissance possible parce que son mécanisme peut avoir échappé à tout contrôle au fil du temps.

Vous aurez remarqué combien les humains deviennent irritables lorsqu'ils manquent un repas régulier. Ce qui vous fait penser qu'il en va autrement des plantes. C'est pourquoi le dispositif de dosage maximal à la demande 24 heures sur

24 permet, par exemple, de garantir que des plantes telles que les tomates, que l'on peut trouver en train d'absorber des nutriments à 1 heure du matin, disposent toujours des nutriments dont elles ont besoin.

La taille du réservoir de transport de la solution nutritive doit être parfaitement adaptée aux besoins en liquide les plus faibles du système hydroponique afin d'obtenir le meilleur rendement possible d'un contrôleur automatique de test et de dosage. Comme pour les systèmes testés et réglés manuellement, il n'est pas possible d'aller vers des réservoirs de stockage excessivement grands. En effet, le système automatisé aura une plus grande puissance sur une plus petite quantité de solution de nutriments. Par exemple, si vous utilisez un système réglé automatiquement pour être maintenu à un niveau de 25 unités C F, vous pourriez constater que la température de la solution nutritive augmente de 10 ° C pendant la journée.

La chaleur du soleil serait en grande partie responsable de cette hausse, et chaque degré Celsius d'augmentation de la température modifie la valeur de FC du mélange nutritif de deux pour cent. N'oubliez pas que la valeur apparente de la FC est affectée par la température. Les régulateurs automatiques de FC sont dotés d'un circuit de détection de la température qui compense tout changement de température et maintient effectivement la FC à la valeur souhaitée, mais il y a des problèmes avec les réservoirs de grande capacité qui sont dosés jusqu'à la valeur de FC souhaitée. Si la température varie tellement, le système ne peut pas suivre le rythme des changements. Le cas échéant, le contrôleur peut augmenter le dosage mais ne peut pas le réduire.

Les systèmes automatiques comptent sur les plantes pour abaisser la valeur CF de la solution nutritive en utilisant les nutriments. Dans un système doté d'un petit réservoir, les plantes utilisent rapidement suffisamment d'éléments nutritifs pour faire baisser la valeur CF, mais cela peut prendre beaucoup de temps dans un réservoir de grande capacité. Dans certains cas, la température peut encore avoir changé avant que cela ne soit réalisé. Les variations de température entre la nuit et le jour peuvent souvent être assez extrêmes pour causer ce problème. L'alternative consiste à concevoir le réservoir de stockage au même niveau que la méthode manuelle. Cette taille la plus basse possible ne doit pas être dépassée afin de garantir que les valeurs de FC et de pH des solutions nutritives restent aussi précises que possible.

Le système n'utilisera qu'une quantité d'eau suffisante pour alimenter les zones de culture et maintenir la pompe immergée dans le réservoir de stockage ; vous devrez donc vous assurer que ce niveau ne baisse pas davantage. Vous pouvez le faire en réglant la vanne d'appoint d'eau de sorte que dès que le niveau descend en dessous du niveau requis, une nouvelle eau s'écoule. N'oubliez pas que la valeur CF peut également atteindre un niveau critique si vous laissez l'eau se vider sans la remplacer à temps. Si l'osmose inverse est trop forte dans la solution nutritive, les plantes perdent leur humidité, se fanent et meurent.

Quatrième étape : Installation d'un contrôleur automatique

Le premier et l'un des points les plus importants à retenir pour l'installation d'un contrôleur automatique est de le placer loin de l'eau, de la saleté ou de tout autre élément susceptible d'affecter le fonctionnement de l'unité. Il faut éviter les conditions humides et construire une structure bien ventilée pour loger le contrôleur loin des réservoirs et de la zone de culture. Vous pouvez toujours l'installer dans la même pièce que les réservoirs, si les conditions sont favorables, avec le contrôleur monté sur un mur à l'écart de toute éclaboussure ou goutte. Vous pouvez commencer à installer le contrôleur en raccordant un tuyau au tuyau principal d'alimentation en nutriments, juste à la sortie du bac de rétention. Un robinet doit être installé à cet endroit afin de pouvoir arrêter le système de contrôle et travailler sur celui-ci sans avoir à fermer tout le système. Le tuyau va du tuyau principal d'alimentation en nutriments jusqu'à un petit récipient d'échantillonnage à côté du contrôleur automatique, quel que soit l'endroit où il a été placé.

Un tuyau en PVC de 16 mm sera assez grand pour prélever un échantillon de la solution nutritive jusqu'à ce récipient. Une cellule CF en ligne peut être installée dans ce tuyau et connectée au contrôleur automatique. Pour s'assurer que la cellule CF donne des résultats précis, installez-la à un angle de 45° avec un clapet anti-retour du côté de l'alimentation, utilisez des raccords solides de chaque côté pour éviter les fuites d'air. Toute poche d'air qui se forme dans la cellule produira des lectures inexactes. Le contrôleur automatique dispose également d'une connexion pour une sonde de compensation de température pour la lecture de la CF. Cette sonde peut être placée soit dans le réservoir principal, soit dans le récipient d'échantillonnage. Certains contrôleurs suppriment les cellules en ligne et utilisent simplement une sonde de type "dip" avec sa propre thermistance de température placée dans le récipient d'échantillon.

L'élément suivant à installer est la sonde de pH qui est installée dans le récipient d'échantillonnage. Ce récipient doit avoir un raccord d'entrée au fond et une sortie de vidange vers le réservoir de stockage au sommet. La ligne de dosage du pH se déversera également dans le récipient d'échantillonnage. Vous vous souviendrez que dans le chapitre sur l'équipement, il a été souligné qu'il ne faut jamais laisser sécher les sondes pH une fois qu'elles ont été mises en service.

L'ampoule de mesure en verre doit être maintenue humide et propre. Ces deux exigences peuvent être facilement satisfaites en reliant la ligne de dosage du pH au récipient d'échantillonnage de manière à ce qu'elle verse de l'acide sur la sonde de pH. Les acides nitrique et phosphorique sont généralement utilisés pour modifier le pH de la solution nutritive. L'acide est également la meilleure substance pour nettoyer la sonde de pH. Cette disposition permet un contrôle fin de la valeur globale du pH de la solution nutritive, car dès que l'acide est pompé dans le récipient d'échantillonnage, il frappe la sonde de pH connectée au contrôleur automatique. La sonde envoie un signal au contrôleur qui coupe immédiatement l'alimentation en acide pour éviter tout surdosage.

La deuxième exigence est satisfaite en plaçant le tuyau d'entrée du récipient d'échantillon au-dessus de la hauteur de l'extrémité du bulbe de la sonde de pH, de sorte que même si le récipient d'échantillon devait se vider, une quantité résiduelle serait encore suffisante pour maintenir la sonde humide.

Les nutriments s'écoulent du réservoir de stockage par des tuyaux d'alimentation vers les conteneurs de culture et se drainent en retour dans un système contrôlé automatiquement de la même manière que dans un système manuel. Une ligne est conduite depuis le tuyau d'alimentation principal et un échantillon de la solution nutritive est prélevé pour contrôle. Cette ligne contient un robinet d'arrêt qui vous permet d'éteindre le système automatique si nécessaire. La ligne d'alimentation est reliée à une cellule de mesure CF en ligne qui est connectée à un angle de 45 ° pour éviter les bulles d'air qui donnent de fausses lectures. La cellule CF indique à l'automate quand la solution nutritive est trop faible et l'automate active les électrovannes de fonctionnement (ou les pompes), permettant aux nutriments supplémentaires de s'écouler dans le réservoir principal à partir des réservoirs d'appoint. Le pH du mélange nutritif est mesuré à l'aide d'une sonde pH située dans le récipient d'échantillonnage de la solution nutritive situé derrière la cellule CF. Lorsque le pH est trop élevé, le contrôleur active une pompe à air qui met sous pression le réservoir d'acide utilisé pour ajuster le niveau de pH du nutriment. L'acide s'écoule par le tuyau jusqu'au récipient d'échantillonnage en se mélangeant à la solution nutritive qui redescend continuellement par un tuyau de débordement vers le réservoir principal. Le système est également équipé d'une vanne d'appoint qui permet d'ajouter de l'eau dans le réservoir de stockage lorsque le volume devient trop faible.

Un tuyau capable de résister à l'acide (PVC-Polythène) doit relier le réservoir de l'acide aux récipients d'échantillonnage.

Pour faire remonter l'acide dans le récipient d'échantillonnage, on peut utiliser une petite pompe à air d'aquarium. Cette pompe est reliée au contrôleur automatique et est activée par le contrôleur si la sonde pH détecte une augmentation du pH de la solution nutritive.

La pompe fonctionne en exerçant une pression sur le liquide contenu dans la bouteille et en faisant remonter l'eau dans le tube, ce qui modifie le pH de la solution nutritive. Le contrôleur automatisé déclenche une pompe ou une électrovanne qui alimente également le réservoir central en nutriments. Le contrôleur active la pompe lorsqu'il reçoit un signal de la cellule CF qui indique que la force de la solution nutritive a baissé. Lorsque la cellule CF détecte une augmentation de l'intensité de la solution nutritive jusqu'à la quantité préréglée sur le dispositif, la pompe est arrêtée.

Les principes et le fonctionnement d'un système à contrôle automatique sont assez simples, ce qui en fait un arrangement que le cultivateur amateur et le cultivateur commercial peuvent réaliser. Lorsque vous commencez à cultiver avec un dispositif contrôlé et dosé manuellement, vous vous familiariserez pleinement avec l'équipement de contrôle des FC et du pH. Il sera alors plus facile d'installer un équipement de contrôle automatique lorsque vous déciderez de comprendre le fonctionnement de l'équipement de contrôle. Dans un système automatique, la sonde de contrôle du pH devra être tamponnée une fois par semaine et la sonde CF lavée tous les trois ou quatre mois avec un nettoyant acceptable, Jiff, Soft scrub ou un produit de nettoyage breveté.

En plus de ces contrôles réguliers, tout ce que le cultivateur devra faire une fois qu'un système automatique sera en place, c'est de vider les réservoirs d'appoint en nutriments et le réservoir rempli d'acide pour changer le pH de la solution nutritive. N'oubliez pas que si tout le reste échoue, lisez les instructions d'installation et d'utilisation fournies par le fabricant de l'équipement.

www.ingramcontent.com/pod-product-compliance
Lightning Source LLC
Chambersburg PA
CBHW071037080526
44587CB00015B/2655